다들 아실 거예요

김조은 시집

문학의전당 시인선
382

다들 아실 거예요

김조은 시집

문학의전당

시인의 말

한 걸음
또 한 걸음 다가서면

시와 삶을
파랗게 밀어 올리는 햇살

바람결 사이
고즈넉이 스며들어

그리운 산빛인 듯, 끈끈한 물빛인 듯

홍시 한 알 익어간다.

2024년 9월
김조은

차례　　　　　　　시인의 말

제1부

달 씻는 법　13
빛을 탐하다　14
소행성　16
처음 집착　18
큰개불알풀꽃　19
총잡이　20
달빛만 수상하고　22
바람의 둥지　23
밴댕이 똥구멍　24
달팽이　26
노근리 평화공원　28
낯선 시간　29
나이 먹고 흔들리면 약도 없지　30
좋고, 좋을 테고, 더 좋겠다　32
동문동 이야기　34

제2부

결국	37
바다	38
한용운낭송대회에서	40
우울을 버리다	42
집착	43
싸라기별	44
맑다가 흐리다가	46
시(詩)	47
봄비	48
눈물이었다	50
어긋난 무늬	51
외로움만큼	52
끼다와 째다	54
개미	55
결혼반지	56

제3부

동창생　59
할렐루야　60
인동만세장터　61
형제　62
여전히　64
공짜라고 해서　65
마법의 성　66
울 엄마　68
바람이 분다　69
숨바꼭질　70
서로의 빛이 되어　72
옷 잔치　74
합송이나 할까요?　75
문경에서　76
첫사랑　78

제4부

다들 아실 거예요 81
암 병동 82
아들과 딸 84
울 엄마 2 85
무슨 죄를 지었을까요 86
열일곱 살 88
바람 90
한눈팔다 91
어릴 때 잡아야 하나 92
무궁화 94
페트라 95
어머니와 변기 96
아버지의 불꽃 98
메뉴는 불면탕 100

해설 | 불면이 키운 수사학 101
| 안현심(시인·문학평론가)

제1부

달 씻는 법

달은 달맞이꽃을 씻고
달맞이꽃은 달을 씻고 있었다

달은 밤을 씻고

빈터를 서성이다가 물든 산 그림자
하나둘 마을로 깃들면
달이 내뱉는 기침 소리에
숨죽여 울던 강물

달은 다시 강을 씻고

달맞이꽃에서 달까지 거침없이 달리는 향기

또렷이 마주치기만 하면
산이든 강이든 씻을 수 있는
울 엄마 같은 박하 향이 쏟아지고 있다

빛을 탐하다

책장을 넘기면
삼킬 수 없는 낱말이 어김없이 걸리고
때때로 반사된 빛은 사물에 부딪혀 튕기는데
햇살에 고개 들이밀어 얼굴 부풀리는 해바라기처럼
기도로 빛을 모으면 싱싱하게 꿈틀대는 보리 새싹,
나무의 옆구리까지 말끔히 소독하는 땡볕,
얼음장 속에서도 천진난만하게 뛰노는 빙어 새끼들

나는,
왜 빛을 탐할까

낱말들의 미세한 떨림이 감지되어
잠들지 못하는 밤

반쯤 열린 창으로 빛이 어른거린다
빛의 비밀을 풀기 위해
하나의 줄을 잡고 흔들어댄다

순간,
출렁이며 일어서는
푸른 파동

소행성

절뚝이며 배회하다가
뿌리째 쥐어 잡고 팽팽히 당기는 별이 있어요

어둠의 광선이 지나간 자리
은하가 되어 삶의 궤도를 통째로 흔들기도 하고
간혹 잠금장치가 풀리면
고독을 쓰레기통에 집어넣고 자라처럼 두리번거리다가도
땅거미가 질 때면 흩어진 글자를 주워 모으는
여우별이 있어요

불면으로 뭉툭하게 잘려나간 새벽,
어금니를 꽉 물고 조각난 글자들을 맞추면서
어긋난 틈새를 기우고 또 기워요
날 받침은 단단히 옭아놓아도 어기적어기적 달아나네요
간신히 붙잡은 별의 모서리를 깎다가
음지에서 양지로 밀고 당기며 곪은 상처를 파고들 땐
태양을 집어넣고 밀봉한 캡슐 한 알 꿀꺽 삼키면
푸른 피가 불끈불끈 요동치기도 해요

문장 한 줄 훔쳐다가
길들지 않은 상념(想念)을 묶어내는
구멍 숭숭 뚫린 소행성,

무엇이
허기를 채워줄까요?

처음 집착

그리움을 삭이면 함박눈이 될까

어둠 뒤편에서 절룩이며 다가오는
비릿한 새벽,
매듭을 풀지 못한 섬 하나 앉혀놓고
버섯처럼 번식하는 죽음에 성냥을 긋는다

누추한 변명을 뒤섞은 채 쑥쑥 자라는 짐승처럼
찬찬히 그리고 맛있게 폭식한 우울을 긁어모아
죽음으로 증명하려는 너

꼬리를 무는 절망은 종양처럼 번져
진통제를 맞으며 멋대로 키운 냉담 속
눈 감은 채
신을 향해 몰입한다

집착은 왜 자꾸 태어나 꿈틀거릴까

큰개불알풀꽃

보일 듯 말 듯
애들이 옹기종기 모여 놀다가
예민한 내 눈을 간질였다

하얀 얼굴에 가냘픈 몸짓,
하늘색 원피스를 입은 아이였다

호랑나비 흰 나비가
부풀어 올라 날아다니고
벌들도 수상하게 주위를 맴돌았다

얘들이 누군지 아시나요,

쪼그리고 앉아 눈웃음을 살피다가
마침내 찾아낸 이름

놀랍고 민망해라,
큰개불알풀꽃

총잡이

짓눌린 꿈속에서
사막으로 끌려가 흠씬 두들겨 맞고
늑골이 너덜거리는 밤, 잽싸게 음모를 꾸몄다

동업자를 죽일까
전세금을 떼먹고 잠적한 주인,
어린애를 유린한 짐승을 죽일까

방아쇠를 당기면
썩은 내까지 태워버릴 수 있겠지
장전된 탄약은 딱 한 발
표적을 겨누고 방아쇠만 당기면 된다

무릎은 굽힐 것
두 손으로 총신을 잡고 적당한 거리에서 겨눌 것
표적의 끝에 시선을 고정시킬 것

진땀 범벅으로 몰입하는 사이

온몸은 고장 난 트럭처럼 덜덜거리고
새처럼 할딱거렸다

개갈 안 나는 성을 쌓는 동안
새벽별은 지고

까맣게 그을린 몸뚱이 하나
툭,
굴러떨어졌다

달빛만 수상하고

때를 만나면 즐거움을 다해야 한다고 했지
천하를 떠돌아다닌 시인,
이백은 술을 한 번에 삼백 잔은 마셔야 하고
마시면 단숨에 시(詩)를 읊었다고 하기에
나도 취하도록 마셔보았지
울다가 웃다가 콧노래를 흥얼거리다가
가벼워질 대로 가벼워진 뼈마디,
시는 어디로 도망갔는지
밤새 얽히고설킨 실타래를 밀고 당기다가
꿈틀거리던 시어마저 잃어버리고 말았지
누군가를 그리워하면 닮기도 한다는데
술 삼백 잔을 못 채운 탓일까
비록 내일 추방당할지라도
오늘은 떠돌아다녀야 한다고 꾀는 뱀들,
미친 듯 따라가다 머릿속 황사가 걷히면
건들바람 끌어내려 시나 빚을까
술잔이 둥둥 떠다니는 밤,
달빛만 수상하고

바람의 둥지

히말라야시다 나무 꼭대기에 둥지를 틀고
주변을 탐색하며 허공을 물고 사는 백로 가족
학군을 따져보다가 글 읽는 소리와
아이들의 해맑은 웃음소리 떠나지 않는
선화초등학교를 공략해 들어왔다고 수군거려요
코로나 쇼크 때문에 야반도주해 왔다는 소문도 들리고요
거미줄처럼 엮인 전세 사기 함정에 걸려들어
하루아침에 빈털터리가 되었다고도 하네요
시궁창 냄새 때문에 초록 바람을 택했다는 소문까지 무성했지만
시치미 뚝 떼고 그 자리만을 고집하고 살아요
알몸으로 한뎃잠을 자면서도
나뭇가지가 흔들릴 때마다 시소 놀이를 해요
사방 문을 열어놓고 누구든 놀러 오라고 손짓해도
찬바람만 기웃거릴 뿐,
그래도 엄마 아빠는 토닥토닥 끌어안고
바람이 자주 스치면
꿈도 옹골차게 익는다고 말해줘요

밴댕이 똥구멍

결혼하고 두 달쯤 지나서
남편은
새벽 세 시에
직장 후배들과 당당하게 문을 열고 들어섰다

꺼칠한 낯빛만 훑어보는데
남편은 냄비에 물을 올려놓고 라면을 찾았다
불어 터진 라면을 먹자마자 다시 나가더니
한밤중이 돼서야 들어왔다

뜸 들일 새도 없이
날것으로 달라붙는 잔소리

남편은 따로따로 이부자리를 폈다

널브러진 미움도 무너지는 자존심도
이불에 둘둘 말아놓고,

당신 소갈머리는 밴댕이 똥구멍보다 작을 거야

뭐? 밴댕이 똥구멍?
남편이 킥킥거리며 웃었다

달팽이

저는 프로가 아닙니다
그래도 뒤처지지 않으려고
어둠 깔린 숲속을 등이 휘도록 넘나들었는데
느닷없이 봉급은 왜 깎는 겁니까

프로는 그렇게 변명하지 않지
억울하면 보란 듯이 결과를 보여줘
용기 있으면 그 머리로 다른 길을 알아보든지

휴가마저 반납하고
심장이 뛰도록 한 권의 책을 다 읽었는데
눈 부라리며 얼마나 더 달리라는 건가요

프로만이 살아남는 게 현실이야
눈앞에 보이는 것만 매달리면 힘들어

편평한 발이 떼어지지 않아도
습습한 슬픔이 꾸역꾸역 번식해도

새벽바람 베어 문 채
젖은 잎을 뒹굴지요

노근리 평화공원

한여름에도 살 수 있다고 믿었던 그 자리
쌍굴다리 밑에서
불안한 눈동자만 깜박거렸다

미군의 무차별 사격으로
무너져 내린 그 자리

쌍굴다리 벽에는 수백 개의 총탄 자국,
피 묻은 잔모래만 섬뜩하게 밀려와 붉게 떨었다

바람은 어디서 불어와 어디로 가는가
씻어낼 수 없는 역사,
울부짖는 뼈들이 황간 땅을 적시고 묵묵히 흘러
색색의 연꽃과 장미꽃을 피웠다

아픈 역사가 여기 숨어 있다고
오고 가는 이의 발걸음을
간절히 붙잡았다

낯선 시간

한 마리 새가 회색 하늘을 가로질렀고
출발 시각은 몇 분 남지 않았다
영등포역 대합실에는 낯익은 중년이 앉아 있었다

초등학교 5학년 때 짝꿍, 콧물로 제 얼굴을 풀칠하던 아이, 선배 형까지 밀치며 우쭐대던 눈빛, 남의 도시락도 몰래 까먹던 아이, 반갑다고 말을 걸어왔지만 기차 시간이 촉박하다는 핑계로 냉정하게 돌아섰다

창가에 앉은 한 줌의 햇살
자유롭게 숨 쉬는 나무 잎사귀

푸른 핏줄 울렁거리며 스스로를 들여다보는 사이 기차는 대전역에 도착했다

목을 빼고 나오는 길목,
낯선 아줌마가 떠밀리고 있었다

나이 먹고 흔들리면 약도 없지*

단 한 번 의심도 없이
자목련이 한꺼번에 웃음을 토해내는 봄,
고것들 부추김에 잠시 넋 놓고 흔들리다가

차 좀 빼주세요, 하는 소리에 놀라
후진 기어를 넣고 액셀러레이터를 힘껏 밟았다

순간, 멀쩡하게 서 있던 차들을 번갈아 후려치며
세상이 무너질 듯 비명을 지르는 서늘한 밀착,
불안하게 으깨진 파편들,
나는 폭삭 주저앉고 말았다

사람은 무사하니 다행이라고
발그스름한 입술 내밀고 토닥이는 자목련
맹목적으로 덤벼들어 침묵을 저미는 눈빛들

왕초보인가 봐

사정없이 달라붙는 웅성거림 때문인가
불안이 헐떡이며 아가리를 벌리자
부서진 쇳덩이 녹여 본래의 얼굴을 찾아주려는 듯
날 선 태양이 반듯하고 짱짱했다

---

*임선경 에세이 『나이 먹고 체하면 약도 없지』를 빌려 쓰다.

좋고, 좋을 테고, 더 좋겠다

바람이 심란하게 불어댈 때
동학사에서 만나자는 친구의 말,

이러쿵저러쿵 흉을 본들
육십 고개를 넘어섰고, 서릿바람 불어댈
칠십 고개가 코앞인데 멋들어지게 살아 봐
독수리처럼 가슴을 넓혀 보란 말야

귀뚜라미 소리에 단잠이 깨도 좋고, 술 취한 단풍에 눈멀어도 좋고, 매몰찬 눈보라가 귀를 후벼 파도 좋고, 바다가 내려다보이는 언덕에서 애인과 뒹굴다가 죽어도 좋고

둔탁한 맵시도 좋고, 구미호 같다면야 날갯죽지가 뭉개져도 좋을 테고, 양귀비가 환생한다면 얼씨구나 절씨구나, 거렁뱅이가 되어도 좋겠지만, 좋고 좋은 숲속에 요염한 꽃뱀 한 마리 기를 수 있다면 더 좋겠다

잠깐,

푸른 숲을 뒤집는 건들바람
제멋대로 쿡쿡 찔러대는 마디마디

동문동 이야기

석 달 월급 몽땅 털어 맘먹고 산 겨울 잠바
주인집 뒷마당에 처음 빨아 널었더니
소매 끝 잡아끌어서
검둥이가 훑었다

연탄집게 벌겋게 달궈
뭉뚝한
주둥이부터
지져주고 싶었다

까칠한 눈매를 눈치챘는지
고해성사하듯 두 발 모은 검둥이,

그 낯짝
들여다보다가
놓아버린 연탄집게

제2부

결국

아침에 눈 비비고
화장실에 앉아

지난밤을 잡아끌던
시집을 다시 펼쳐보는데
때아닌 모기 한 마리 윙윙거린다

쥐고 있던 시집으로 내리쳤을 뿐인데
여린 몸뚱이 꺾여
흰 타일에 검은 점 하나 납작하니 붙었다

생(生)은 결국
하나의 점일 뿐이다

바다

그대는 자유로운 몸
걱정도 절망도 모르는 사람
분명하고 단단한 근육질의 사내 같은
하얀 웃음 머금은 채 단 한 번의 꺾임도 없이
내 가슴팍을 꼭 끌어안는 그대,

거침없이 내뱉는 숨소리가 하나의 문장이 되고
푸른 낯빛은 구절이 되어 죽자 사자 엉겨 붙었다

별, 바람, 태양을 통째로 품고
슬픔과 불안을 떨쳐버리려는 듯
출렁거릴 때마다 정신 차려, 잘 될 거야
세상에 도사린 소문을 매일매일 끌어안고도
묵묵히 비밀을 지켜주는 사람
방황하는 빗방울까지도 기꺼이 안아준 그대는
내 올곧은 스승이었다

무작정 네게 매달리고 싶은 날

손에 잡힐 것 같은 꿈이
옆구리를 툭툭 치며
꼬리에 꼬리를 물고 파닥거렸다

한용운낭송대회에서

활짝 피어난 시의 꽃들이
무대 위에서 진한 향기를 풍겼다

어떤 임은 임 앞에서 작은 새를 부르듯 가볍게 입술만 달싹거렸고
어떤 임은 산 정상에 올라선 듯 숨을 몰아쉬다가
짧은 만남이 너무 급해 호흡을 멈춘 채 더듬거리고
어떤 임은 당당한 눈빛으로 오르락내리락
리듬을 타며 임의 영혼까지 조곤조곤 흔들었다

삼천 번을 되새김질해야 임의 눈에 띈다는데
사랑과 이별과 죽음 사이를 더듬거리다가
간택 받기도 전에 임은 간데없고
이별이란 단어만 무대 아래로 떨어뜨렸다
목구멍은 바싹바싹 타들어 가는데
어느 한군데 아픈 구석은 없었다

선택받지 못한 순간에도

믿음은 버릴 수 없었던 걸까
스물다섯 번이나 반복되는 이별이란 단어의 흡입력 때문일까

겨울인데도 다시 피어난 임,
집에서도 밖에서도 다정다감하게 꿈틀댔다

우울을 버리다

당신과 삼 년을 동고동락했지
찬밥을 나눠 먹고 빈 그릇에 눈물을 빠뜨리기도 했지

거머리처럼 붙어 비릿한 속까지 짓눌렀지
비 오는 날은 요염한 꼬리를 흔들며
침대 안으로 파고들어 발바닥을 더듬었지
아아, 숨을 쉴 수 없었지

살고 싶었어 아니, 살아야 했어
사랑하니까 떠나줄게, 라는 그 무책임한 말이
내게 용기를 줄 줄 몰랐어

미안, 사랑을 버리기로 했어
마침내 나는 당신을 냉장고 속에 던져버렸어
아아, 조금은 숨을 쉴 수 있었지

내가 살아야 당신도 산다는 걸
비로소 알게 되었지

집착

대학병원 암 병동,
미용 봉사자가 다녀간 뒤
거울을 들여다보는 폐암 말기 할머니
방금 자른 머리가 맘에 들지 않는지
홑이불 뒤집어쓰고 훌쩍거린다

예쁜데 왜 그래요,
간병인의 위로도 꽁꽁 얼어붙고
끼니조차 거부한 채 거울 속에 갇힌 할머니

반듯하게 눕지 못하고
밤새 몸을 폈다 접었다 끙끙대면서도
더듬더듬 거울을 찾고 있다

바스러져 가면서도
손에서 떼어낼 수 없는 것들

할머니 속에 거울이 살고 있다

싸라기별

바람 부는 섣달 그믐밤
선화교 위에서 흔들리던 그림자 하나
네거리 치킨집 앞에서 찻길로 뛰어들었다

질주하던 자동차가 덮치려는 순간, 고양이인 듯 납작하게 엎드려 여자가 울고, 구경꾼들은 쉴 새 없이 쑥떡거렸다 누런 목걸이와 깨진 안경테, 가슴팍이 터진 핸드백이 널브러져 있었다 운전자는 화를 참지 못하고, 미친년 죽으려면 저 혼자 죽지, 왜 성한 사람 잡느냐며 고래고래 소리 지르는데, 여자의 머리카락이 붉게 뒤엉키고 있었다

병원도 마다하는 그녀를 일으켜 집으로 가는 동안
혀 꼬부라진 소리로 내뱉는 말,

지가 시집와 오 년 만에 딸내미 하나 낳았는디유 애비라는 인간이 딸내미 데리고 하루아침에 내뺐슈 그래두 지 혼자 잘 버텼는디, 속 시끄러울 때 술 몇 잔 들이부으면 간뎅이가 붓는지 자꾸 찻길로 뛰어들구 싶대유?

잠들지 못한 싸라기별이
훌쩍거리고 있었다

맑다가 흐리다가

아침 일찍 강변길을 걷는데
뱃속이 요동쳤다

뻥튀기처럼 아랫배가 부풀어 오르는데
가게마다 꼭꼭 잠긴 화장실

몸은 맑다가 흐리다가
어느 땐 염소 똥처럼 방울방울 맺히다가
소낙비로 쏟아지기도 하는데

대로변에서
지렁이 한 마리, 알몸으로 간다

시(詩)

웃고만 있는 민들레
엄마 얼굴 닮은 냉이꽃
어릴 적 달빛을 말아 쥔 제비꽃

바람처럼 왔다가 사라지는 조팝꽃은
오히려 길을 잃었다

울림 없는 한 소절마저
손끝에서 빠져나가 강물로 미끄러져 버렸다

가까스로
별빛 하나 당겨 허우적대는 자리

안개 속에
흰 꽃 하나 서 있다

봄비

소주를 두 병 마시면
순순히 걸어 나온다는 바람둥이,
시(詩)라는 놈을 잡기 위해 서울까지 올라갔는데
엉덩이 진득하니 붙이고 열심히 닦다 보면
그놈이 노래처럼 들어올까

마침 박인수의 〈봄비〉가 흘러나오고
봄비로 맞이한 5분 백일장,
끝내 지워버리지 못하는 바람둥이 녀석만 생각하다가
봄비의 추억은 날려버리고 말았다

자존심을 누르고 영등포역으로 뜀박질할 때
등덜미를 후려치는 두툼한 빗방울,
맞은 곳은 머리통인데
가슴팍이 무너졌다

불어 터진 발목으로 돌아와
술을 목구멍으로 밀어 넣는데

바람둥이 녀석,
봄비처럼 옹알거렸다

눈물이었다

열여덟에 종갓집 맏며느리가 되어
분주한 고갯길을 넘어선 엄마
초롱초롱하던 눈빛, 꿈꾸던 무늬를 베어낸 자리도
벌겋게 돋아나는 상처까지도
차오르는 이슬이었다

첩첩산중,
아지랑이 피어올라 헤집는 강

소금 자루 이고 오일장에 갔던 날
캄캄한 발자국 위로 꽂힌 달빛이 신열을 앓고
식구들 허기를 채워주던 시래기죽도
아픔을 훑고 가는 이슬이었다

자식들 눈 맞추다가
휘어진 허리만 달랑 챙긴 눈망울도
한 방울 이슬이었다

어긋난 무늬

한 가닥 머리칼만 주워도
청소기만 돌려도 등짝부터 불이 떨어져
허리를 무너뜨렸다

뜬눈으로 지칠 법도 하련만
오늘도 그 모습 그대로 시위하고 있다

진통제로 달래보다가
차갑게 얼린 침으로 위협하다가
옥돌을 달궈 감싸 비벼도 달아나지 않는다

백두대간 혈이
어디에서 끊겼을까

꼼짝없이 누워 천장을 보니
사방연속무늬 한쪽 끝이
어긋나 있다

외로움만큼

차창 밖 경치가 흐르고
시간이 흘러갔다

자신을 조금도 들키기 싫은 소녀가
시장바닥에서 국화빵을 입속으로 들이밀 때
교복 입은 친구들이 우르르 몰려왔다

거센 바람이
상처를 일으키며 잿빛 강이 흘렀다

고향을 떠났을 때
시간은 영영 사라져 버린 줄 알았다
허기진 지하방에 별이 몰려와 어루만지면
베개를 끌어안고 훌쩍이다가도
국군장병 아저씨의 재밌는 편지가 도착할 때면
웃음이 비죽비죽 새어 나오기도 했다

심장이 뛸 때마다

배우고 싶어 안달했던 시간들,
외로움만큼 시간이 구부려진다 해도
어깨만 들썩여도 날아갈 것 같던
그때로 돌아가고 싶다

끼다와 째다

우리는 약간 작은 옷을 '낀다'고 말하는데
그것은 잘못된 표현이고 '째다'가 맞는 말이라고 했더니
이리저리 굴려봐도 끼다가 맞는 거라며
친구는 마른하늘의 번개처럼 째다를 수렁에 처박아 버렸다

말 한마디가
오랜 시간 쌓은 신뢰까지도
단번에 무너뜨릴 수 있다는 것을
등걸불이 꺼지고 재를 뒤집어쓰고서야 알아챘다

구름은 구름대로 바람은 바람대로
가슴팍에다 자존심만 한 무더기씩 질러놓아
쉽게 다가가지 못하게 막아섰다

친구조차 끌어안지 못한 옹졸함에 대해
며칠을 서성일 때 문자가 날아왔다

너, 왜 생까고 있냐?

개미

개미 한 마리
차디찬 나비를 끌어안고
물기 없는 고독을 굴리며 계단을 오르다가
물구나무서듯 뒤집힌 몸뚱어리, 장애물이 나타나자
숨쉬기조차 힘든 듯 비척대더니
몸뚱이를 뒤틀어 한 발씩 내딛다가 풀썩 쓰러진다
일어서기가 쉽지 않은 듯
눈을 질끈 감고 힘을 모은다
나비를 끌어안고 어디까지 가려는가

희망을 둥글게 말아
어깻죽지 달구는 뜨거운 태양 아래
움켜쥔 손가락, 펴지지 않는다

결혼반지

두 사람의 약속을
서랍 속에 간직했는데

영혼이 사흘 만에 빛을 잃은 후

언 가슴 감내하며
바람이 산다는 시궁창까지 뒤집어보았지

다시 별에게 갔을까

불쑥불쑥 꿈틀대는
잃어버린 언약

제3부

동창생

첫사랑
아이의 까만 눈이
둥글고

고무줄놀이하던 아이들의 웃음소리
동글동글 커지는데

그립다,
말하기도 전
잔주름이 먼저 웃네

할렐루야

눈발이 발걸음을 재촉하던 성탄절 날,
선화동 신산부인과 병원 앞에 눈 덮인 물체 하나
꼼짝하지 않고 얼어붙은 듯 길바닥에 붙어 있다
다가가 꾹꾹 누르니 배추벌레처럼 꿈틀거리며
곰삭은 눈빛,
푸르죽죽한 얼굴의 중년 아줌마가 벌떡 일어나더니
이년아, 나한테 밥을 줬어, 쌀을 줬어
왜 곤히 자는 사람 깨우는 겨,
서슬 퍼런 육두문자를 쏟아붓더니
돌멩이까지 주워 들고 고래고래 소리 지르며 쫓아온다
도망치다가 잠시 먼발치에서 돌아보며
저 삭은 꽃 어디에서 힘이 솟을까

건너편 교회에서는 수고하고 무거운 짐 진 자들아
다 내게로 오라고 손짓하는데,
내 발목은 산 하나 넘은 듯 얼었다 녹았다가
뜨끔거린다

인동만세장터

인동만세장터 붉은 모노톤의 벽화에는
우리 부모 형제, 어린 동생까지 태극기를 흔들고 있었다
벽화 앞 강변길에는
유모차에 태극기를 꽂고 느릿느릿 미는 할머니가 있고
뒤를 따르는 비둘기 떼가 있었다
할머니는 무언의 손짓으로 지휘하고
비둘기들은 알아듣기라도 한 양 날개를 파닥거리며
만세 부르듯 뒤따르고 있었다
3·1 만세운동은 역사 속에만 살아 있는 줄 알았는데
저들의 눈빛은 지금도
벽을 뚫고 생생히 걸어 나오고 있다

태극기를 흔드는 할머니와
함성이 매달린 벽화를 돌아보며
뭉클뭉클,
내 속에 남은 울부짖음을 쓸어냈다

형제

할머니가 다섯 살 손자에게 물었다
너는 커서 무엇이 되고 싶니?
경찰!

세 살 손자에게 물었다
너는 커서 무엇이 되고 싶니?
소방관!

동생의 말이 끝나자마자 다섯 살 손자가
할머니, 내 꿈 소방관으로 바꿀래요
왜?
내가 동생을 지켜줘야 될 것 같아서요
동생은 불자동차만 운전시키고
사다리 타고 올라가서
위험한 불은 내가 꺼야죠

유튜브를 보다가 다섯 살 형이
유령 나오는 것은 싫어, 무섭단 말야

엉아 걱정 마, 내가 지켜줄게
씩씩한 동생이 있잖아

어린 입에서
푸르게 쏟아지는 말들,
수시로 밀치고 때리고 꼬집으면서도
형제는 형제다

여전히

날 문장을 담금질하다가
둥지 틀지 못한 채 읽고 쓰고 버리고
당기기를 반복했다

아무리 절실해도 못다 그린 하늘처럼
어디가 바다인지 어디가 기슭인지
분명치 않은 단어들만 절름거리며 맴돌았다

나뭇잎이 떠나갈 때마다
풀지 못한 답안지는 작은 부스러기까지 붙들고
언제까지 물음표를 던져야 할까

푸른 머뭇거림으로
뒷목을 잡아끌던 바람,

이슬 젖으면 물들까
달빛 뒤척이면 꽃필까

공짜라고 해서

 밀양시청에서 2박 3일간 여행 체험비를 두둑하게 준다기에 작가 한 분과 우리 부부는 부푼 바람을 배낭에 챙겨 떠났지요 돌에 새겨진 시문을 흥얼거리며 하루는 선홍빛이 선명한 밀양 한우고기로, 하루는 한우갈비로 배를 채웠는데, 그 맛은 부드럽고 야들야들만 했지요 하늘을 둥둥 떠다니는 듯 몸이 가벼워지자 밀양아리랑을 부르며 표충사, 만어사, 위양지를 돌아보고, 영남알프스 얼음골 케이블카까지 타면서 신이 났지요 눈웃음치는 동백꽃과 살얼음 조각 사이 한 방울씩 떨어지는 물방울을 찍어 페이스북에 올리면서 밀양을 한껏 홍보했지요

　뚜껑을 열어보니
　인당이 아니라 팀으로 여행비를 지급한다는
　응답이 예의 바르게 돌아왔을 때
　육즙 터지듯 밀양을 팡팡 토해냈어요

마법의 성

정신이 말짱하고 몸매가 완벽한 여자와
듬직하게 보이는 남자가 〈애로부부〉에 등장했다
집에만 들어오면 자연스럽게 옷을 홀랑 벗는다는 여자는
탄탄한 몸매를 스스럼없이 드러내지만
시도 때도 없이 마주 보니 영 신비롭지 않다는 남자는
벌거벗고 밥 먹다가 고춧가루가 가슴에 튀었을 때의 황당함까지
너푼너푼 풀어놓았다

한 달에 한 번씩 안아준다는 약속도 번번이 미뤘으니
오늘 밤엔 저 달이 허물어질 때까지 안아보자는 말에
사내는 읽던 책을 내동댕이치고
건넌방으로 달아났다

호시탐탐 사내를 노리는 여자에게
쌀밥에 고기반찬을 더 사주겠다는 말만 곱씹는 사내,
요컨대 은은한 조명이 켜지고
자연스레 자극해야 차가운 돌멩이라도 안을 수 있다는데

찬바람만 쌩쌩 부는 몸뚱어리

불만만 차곡차곡 쌓여가는 웃지 못할 상황 속
화면은 광고로 채워지고 말았다

울 엄마

햇볕에 말릴 것들 토닥이다가
유행가 가사마저 잃어버린 오늘,
둥글게 휘어진 허리로
보행기 밀며 회관으로 출근한다

새봄이 오면
푸른 등 켜질까

생생한 기억 군데군데 남았는데
새끼들 웃음소리 붐비던 방안에는
차가운 기침 소리만 뼈마디를 더듬는다

목덜미 끌어안는 건
외로운 녀석뿐

바람이 분다

알록달록 달라붙은 전통시장에서
호떡을 입에 물고, 족발을 뜯으며
화덕에 올려놓고 뒤집는 말씨름, 가판대가 난장이다

빨강과 파랑 앞에서
무엇을 먹을까 망설일 때
한강에서 낙동강에서 바람이 분다

유치원 앞, 경로당을 가리지 않고
공약이 난무하는데

누가 빨갱이라 욕해도
먼지 낀 혓바닥이 더럽다고 쳐내도
체념하거나 멱살 잡지 않은 채 굼실굼실,

꽃이 피었다 진 뒤에
토해놓은 말들, 향기로 남을까?

숨바꼭질

정월 대보름 밤
우리 숨바꼭질할까?

친구의 말이 떨어지기 무섭게
우리는 가위바위보로 술래를 정하고
술래는 소나무에 얼굴을 가리고
소나무는 우리를 지켜보았다

그림자마저도 들키기 싫은 나는
허름한 헛간에서 몸을 웅크리고 있었다
술래가 점점 다가오자
순간, 헛간 속 반짝이는 길이 보여
한 발 내디뎠는데 수렁으로 빠져들고 말았다

쟤 똥통에 빠졌어요,

몸이 깊숙이 빠져들어 갈 때
긴 막대기를 들고 달려온 친구의 아버지,

똥 덩어리가 덕지덕지 달라붙어
추운 줄도 모르고 무작정 개울물을 퍼부었다

집에 다다를수록
젖은 바짓단이 바삭거렸다

서로의 빛이 되어

함께 살자 약속했던 뜨거운 눈빛은
서로에게 빛이 되겠다는 다짐이었지
시내가 합치어 강물을 이루듯
믿음의 가정을 세워나가거라

살다 보면 그늘도 보기 마련이지만
서로에게 빛이 된다는 것은
허물을 덮어주는 작은 사랑이란다

비바람이 덮칠 때면
이해와 존중의 징검다리를 놓아
손잡고 오직 신뢰의 힘으로 길을 열어가거라

스스로에게 눈을 돌려
자신의 탓이라고 한발 물러서고
등 돌리는 일 없이 배려라는 이불을 덮어주어라

처음 만났을 때의 설렘을 잊지 말고

팽팽하지도 느슨하지도 않게
아낄수록 커가는 사랑,

마침내
눈부신 아침이 열릴 것이다

옷 잔치

위암 수술한 엄마,
회관으로 가서 친구들을 불러와 옷장을 열어젖혔다
서랍장 바닥에는 나들이 한번 못한 봄이 바스락거리고
사라진 꽃잎도 옷걸이에 매달려 있었다
겹겹이 쌓인 여름이 고개를 내밀고
하늘 한번 구경 못한 가을,
저희끼리 부대끼며 포개진 겨울도 달려들었다

책꽂이의 책들을 한꺼번에 쏟아내듯
맥없이 엎어진 옷가지들의 표정과 무늬를
하나씩 펼쳐놓기 시작했다

친구들은 거울 앞에서 부산하기만 한데
엄마는 초연히 웃고 있었다

합송이나 할까요?

그와 통화를 한다

낭송대회는 여기저기서 열리는데
우리 한번 참석할까요?

혼자는 우승하기 어려우니
둘이서 합송하면 어때요?

그럼, 조용한 데 가서
입도 맞추고 호흡도 맞춰야 하는디,

바스러지는 웃음소리

덩달아
근질근질 기어오르는 바람

문경에서
― 시조 암송대회

신문을 보다가
눌어붙은 바람 하나

눈으로 조물조물 간 맞춘 뒤
하얗게 웅얼거리다가
뱉어낸 가락

촘촘히 읊다 보면 별빛이 터지려나
깊은 강물 젖어 들면 달빛이 번지려나
바다를 더듬어 가면 돌고래도 일어설까

문경새재 바짓가랑이 잡고
푸른 산 파고들어
밑줄 긋던 날

환호와 갈증과
넘실대는 절박함으로

통째로
덥석 물어버린 사랑

첫사랑

사랑의 평균수명은 270초라는데

사막에 버린 덩굴이
엉덩이를 뒤로 빼내 버티고 있었는가

툭하면 달라붙어
싱글싱글 기어오른다

꽃샘바람 기웃거리기만 해도
겁부터 먹은

오지게 뿌리 깊어
펼치지 않은
책

제4부

다들 아실 거예요

11시 반에서 12시 사이
몸뚱어리 뒤적이며 구운 산적에
안간힘으로 버티던 바다, 풋것들 다독거려 얹어놓고
눈물로 삭힌 식혜, 곶감과 약과를 차려놓고
찹쌀로 맑은 술까지 빚어
육십여 년 동안 해마다 열두 번씩
조상님께 잔을 올린 종갓집 며느리가

당신들도 아실 거예요
제 몸뚱이 가눌 수 없어 더 이상 모실 수 없다는 것을,

집안 역사를
순식간에 뒤집었다

어르신들, 고개 숙인 채
기척이 없었다

암 병동

여자는 새벽을 밀었다. 밀어낸 만큼 여자의 배는 퉁퉁 부어 올랐다. 여자의 울음은 따가운 눈총을 받았지만, 아랑곳하지 않고 더욱 진하게 울었다.

여자는 새벽만 미는 게 아니었다. 그녀가 간곡히 밀고 있는 것은 뭉개진 자신이었다. 결혼도 하지 않은 여자가 왜 '여보'를 찾으며 우는 걸까?

입술이 검은 여자가 새벽을 밀 때마다 병실은 위태롭게 흔들렸고, 보호자들은 수면제라도 놔주면 안 되냐고 항의했다. 그럴 때마다 간호사는 안 돼요, 그러면 저 환자 금방 죽어요, 라고 단호하게 대답했다.

노랑머리를 말끔하게 말아 올린 여자가 말문을 열었다. 전 술 없으면 뼛속까지 찔러대는 통증 때문에 어릿광대가 돼요, 아이쿠 또 지랄하기 시작하네요.

여자가 소주병을 꺼내 단숨에 마셨다.

그제야 여자는 웃기 시작했다.

저 웃음,
언제까지 살까.

아들과 딸

딸 부잣집 딸들이 모여 마늘 캐는 날,
어머니 구순 생신이라고 하나밖에 없는 아들이 왔다
오빠가 캘 몫은 남겨놨는데…… 농담 한마디에
화들짝 놀라 팔을 내두르는 엄마

햇볕에 앉아
마늘 뿌리를 다듬는 오빠를 보고
옷자락에 흙먼지 묻을세라
엄마도 안절부절
동생들도 안절부절

딸이었다는 걸
다시금 확인한 날,

땡볕 아래서 종종걸음치는 것도
내 몫이라 믿기로 했다

울 엄마 2

참외장아찌를 담그다가 넘어져 수술한 다리

죽은 싫다고, 밥 한 수저 넘기더니

가랑비만 스쳐도 들깨 꽃잎 눈에 밟혀

뒤척일 때마다 헛기침 소리로 달려가는 들녘

무슨 죄를 지었을까요

가랑잎처럼 누워서
몸뚱이를 배배 꼬는 마흔 살 어른아이가
엄마는 무슨 힘으로 우리 남매를 입히고 먹였나요?
어찌 우리에게 이런 병을 남겼나요?

오빠가 손을 떨며 하는 말,
아버지와 할아버지도 이 병으로 가셨단다

두 겹 비닐을 딸내미 엉덩이 밑에 깔아주니
박박 깎은 머리를 비춰보며 웃다가,
어머니, 무슨 죄를 그리 많이 지었나요?

강물에 뛰어들고 싶을 때가 한두 번이 아니었지
살아가는 것이 죄 아닌 것이 없었지

눈만 뜨면
절망이 문지방으로 달려들어도
너희 때문에 웃을 수 있고, 참고 살 수 있었지

너희는 나를 지탱해 주는 끈이야

허세도 거짓도 없는 아들딸이
꿈틀꿈틀 울었다

열일곱 살

외롭고 먹먹할 때면
물에 젖어 떠도는 시간을 꺼내본다

그래도 부족하면 빨래를 모아
해묵은 먼지를 움켰다 비벼대고
오랫동안 바스락거리는 것들도 두드려 뱉어내며
손톱 밑 찌꺼기까지 말끔히 토해냈다

막냇동생 낳은 생명의 흔적을
빨랫비누로 구석구석 묻혀 지워도 핏물은 더 번져
벌겋게 떨던 그날,

내리 딸만 낳아 밤참은 안 먹는다고 도리질하더니
미역국에다 밥만 올린 상을
깨끗이 비우던 엄마,

터지고 갈라져
물만 닿아도 쓰리던 손등

저녁노을이
핏빛으로 번진다

바람

붐비는 길목에 온갖 바람 묻어놓고
그렁그렁 울다 지친 소녀,

새싹 틔울 봄날에 먼 산 보며 울었다

꼬리를 물고 달려드는 불면증,
쓰러지지 않으려고 안개 낀 골짝마다
한발 앞서 걸었다

작은 꿈을 키우기 위해
여름내 뒤척이던 돌개바람,
보란 듯이 일어서던 하늬바람

바람도 가을이 되면 영글어 가는가?

별빛이 떨어질 때
창을 열고 당겨본다

한눈팔다

햇살이 엉덩이를 달구는 동안
조개껍데기 목걸이를 걸어주면서
목이 쉬도록 깔깔거리던 몽산포,
갈매기도 입을 맞춰 노래하고
파도도 뒷걸음질 치며 웃어댔다

별빛이 들어앉은 일기장에서
사랑에 눈먼 소녀를 꺼내볼 때
갑자기 의자 다리가 발가락을 짓눌렀다

핏방울 뚝뚝 떨어지고서야

소스라치도록
놀란 사랑

어릴 때 잡아야 하나

여덟 살 형에게 두 살 아래 아우가
장난치다가 내뱉은 반말

눈을 부라리며 다그치는 형,
형아, 잘못했어
너 지금 잘못했다는 태도가 아니잖아, 다시 말해봐
형아, 잘못했어
네 말투에 진심이 배여 있지 않잖아, 다시 말해
눈물 글썽이며
형아, 정말 잘못했어, 다시는 안 그럴게
형 눈을 똑바로 보고 말해야지
다시 동생이 울먹이며 빌자
그제서야
그래, 앞으론 형에게 반말하면 안 돼

형이 공룡을 펼쳐놓고 이름을 묻는다
브라키오사우루스, 아파토사우루스, 트리케라톱스, 티라노사우루스

또박또박 말하자
그렇게 하면 되는 거야, 잘했어

동생의 손에
사과 맛 젤리를 한 움큼 집어줬다

무궁화

다음날, 또 다음날
연이어 다가가면 안길 듯 줄기차게
피고 지는 너

논가에 서 있으면
진딧물이 들끓어 무당벌레 모여들고
무당벌레는 논바닥으로 날아와 해충을 막아줬지

어디서나 궁핍 없이 웃고 있는 너를
일제는 더러운 꽃이라며
사쿠라를 심었지

어린 학생들에겐
눈병이 난다느니, 눈이 먼다느니 하며
멀리 피해 가도록 가르쳤다지

그들은 어찌 알았을까
네가 강인한 꽃이라는 걸

페트라[*]

수십 억 년 동안 쌓인 지층과
공들여 바른 흔적,

수직으로 불끈 솟아 이탈한 적 없는 절벽은
이마에 구멍이 뚫리고 물결처럼 깎이고 패였어요

바람은 가파른 절벽과 계단을 오르내리며
허리가 휘어질 만큼 주문을 외웠지만
기도는 가닿을 기미가 보이지 않네요

모래를 털어내며
사자가 벌떡 일어날 것 같은데

참 바윗길은
사람 길 너머에 있을까요,
사람 안에 있을까요?

---

[*] 요르단 나바테안 왕국의 수도였던 곳. 그리스어로 바위라는 뜻.

어머니와 변기

친구는 변기를 걱정하고
변기는 친구의 어머니를 걱정했다

빨랫줄에 널려 있던 원피스가 변기에 처박히고
거실에서 펼쳐보던 신문지가 담겨 있다
물방울 커튼이 조각조각 잘려 가득 차 있고
냉장고 속 김치가 넘실댔다

황톳길을 걸으며 울먹이는 친구,
부모를 공경하는 것은 당연한 일인데
하나님은 왜
그것을 계명으로 주셨을까?

괜찮은 척
뭐든 받아주는 변기 걱정에
친구는 서둘러 집으로 향했다

국그릇 밥그릇에 담긴 똥 덩어리들

세제를 하얗게 둘러쓴 쪽파가
변기에 가득하다

아버지의 불꽃

아버지 마지막 가는 길에
즐겨 입던 두루마기와 모시 적삼을
어머니는 하나씩 불 속에 던졌습니다
모시이불까지 엷게 얹어놓고
도망치듯 돌아선 자리

큰애야, 큰일 났다

불꽃은 아버지의 밭은기침 소리를 붙들고
연초록 풀과 어울려 춤을 추었습니다
밭둑에서 등성이로 올라와 집 앞 가까이 옮겨붙는 불꽃,

뜨겁게 녹아내리는 구름 사이로
자전거를 타고 휙 달아나는 아버지

마당 모퉁이에 주저앉을 때마다
일으켜 주던 소나무마저 타들어 갈 때에야
소방차의 물줄기로 불길을 잡을 수 있었습니다

슬픔을 가라앉히는 동안
비바람에 쓸리며 여문 사랑만
잿더미 사이 말갛게 남았습니다

메뉴는 불면탕

불면을 매콤하게 요리하는 것은 청양고추가 아니라 오랫동안 발효시킨 우울이다

먼저, 커튼을 내려 분위기 잡아놓고

불면은 불지 않게 재빨리 삶아놓고

달라붙는 건들바람 길쭉길쭉 채 썰어놓고

전세금 떼먹은 집주인도 가장자리 올려놓고

시큼한 우울로 간 맞춘 후 덩굴 새싹 고명 얹어

조물조물 버무리면 완벽한 불면탕,

무한정 추가해도 부재료는 공짜다

해설

불면이 키운 수사학

안현심(시인·문학평론가)

1.

김조은 시인은 밤에도 잠들지 못하고 시를 생각하는 자신을 "문장 한 줄 훔쳐다가/길들지 않은 상념(想念)을 묶어내는/구멍 숭숭 뚫린 소행성"(「소행성」)으로 은유하고 있다. 윤기 나는 시를 지어내지도 못하면서 은하를 떠도는 자신이 얼마나 안타까웠으면 이름도 붙여지지 않은 소행성으로 은유하고 있을까. 시인이란 이름을 지고 가는 일이 이토록 고단한데, 왜 포기하지 못하고 순정을 다하는 것일까.

흔히들 문학 치유에 대해 말하고 있지만, 시 쓰기는 독자를 치유하기에 앞서 자신의 남루와 결핍을 보완하고 치유하는 기능을 갖는다. 지독한 가난을 딛고 일어섰지만 그 시절의 아픔이 뭉글뭉글 찾아들 때, 사랑하는 사람을 떠나보내야 했을 때, 부모 혹은 지인에게 잘못했던 일이 송곳처럼 쑤셔올 때 문학이라는 형식으로 재현해 내고 나면 카타르시스와 위로를 느끼게 된다. 이처럼 시를 잉태하게 만드는 정서를 한(恨)이라고 한다면, 시인은 한의 정서가 짙게 내재된 사람이라고 말할 수 있겠다.

김조은 시인은 전후 세대 대부분의 여성이 그랬던 것처럼 가난과 성차별에서 자유롭지 못했고, 그 같은 한이 그의 시세계를 관통하고 있다. 그럼에도 관습적 규범에 굴복하지 않고 바윗장처럼 일어서 맞서는 동안 형성된 철학과 가치관이 또 한 주류를 이루기도 한다. 근대한국사를 가로질러 삶을 개진해 온 베이비부머, 김조은 시인이 혼신으로 뽑아 올린 시의 세계로 들어가 보자.

> 책장을 넘기면
> 삼킬 수 없는 낱말이 어김없이 걸리고
> 때때로 반사된 빛은 사물에 부딪혀 튕기는데
> 햇살에 고개 들이밀어 얼굴 부풀리는 해바라기처럼
> 기도로 빛을 모으면 싱싱하게 꿈틀대는 보리 새싹,
> 나무의 옆구리까지 말끔히 소독하는 땡볕,
> 얼음장 속에서도 천진난만하게 뛰노는 빙어 새끼들

나는,
왜 빛을 탐할까

낱말들의 미세한 떨림이 감지되어
잠들지 못하는 밤

반쯤 열린 창으로 빛이 어른거린다
빛의 비밀을 풀기 위해
하나의 줄을 잡고 흔들어댄다

순간,
출렁이며 일어서는
푸른 파동

—「빛을 탐하다」 전문

인용 시 「빛을 탐하다」는 시를 잡기 위한 고투가 생생하게 형상화된 작품이다. 학업을 늦게 만났듯이 시도 그즈음 동무한 듯한데, '시인의 말'에서 고백한 것처럼 "바람결 사이/고즈넉이 스며들어//그리운 산빛인 듯, 끈끈한 물빛인 듯//홍시 한 알"로 익어가는 목숨이 시였을 것이다. 삶의 중앙에 시를 들여놓고 튼실한 생명으로 키워내기 위한 고심은 불면을 불러오기 마련, 그러한 상황을 이 시는 잘 그려내고 있다.

시를 잘 쓰려고 이론서를 읽고 좋은 시집을 펼쳐 들어도 문맥이 파악되지 않을 때가 있다. "삼킬 수 없는 낱말이 어김없이 걸리고/때때로 반사된 빛은 사물에 부딪혀 튕기"기도 하면서 머릿속을 어지럽히는 것이다. 그래도 포기하지 않고 "햇살에 고개 들이밀어 얼굴 부풀리는 해바라기처럼/기도로 빛을 모으면 싱싱하게 꿈틀대는 보리 새싹"이 보이고, "나무의 옆구리까지 말끔히 소독하는 땡볕"과 "얼음장 속에서도 천진난만하게 뛰노는 빙어 새끼들"이 보인다.

  이와 같은 형상화는 책의 내용을 정확하게 인지하고 열거한 것으로 해석할 수도 있지만, 한편으로는 시인의 상상력 속에 등장한 사물의 구체적 모습이라고 추측할 수 있다. 즉, 기도하듯 시를 생각하면 "꿈틀대는 보리 새싹"과, "땡볕", "빙어 새끼들"이 떠오르는데, 이들은 행간에 구체적으로 형상화될 객관적 상관물이 되는 것이다.

  그렇다면 시인은 왜 잠들지 못하고 빛을 탐했을까. 그것은 "낱말들의 미세한 떨림이 감지되"면서 시가 다가오고 있었기 때문일 것이다. '빛'은 '좋은 시'를 의미하는데, "빛의 비밀을 풀기 위해" "반쯤 열린 창으로" "하나의 줄을 잡고 흔들어"대면 "푸른 파동"이 "출렁이며" 다가온다. 여기서 '하나의 줄'은 시를 구상하고 형상화하기 직전, 실마리가 되어주는 시어 혹은 첫 행이라고 해석할 수 있다. 시어 한 가닥을 잡은 순간, 시가 통째로 굴러들어 온 것이다. "푸른 파동"이란 구절에서 '푸르다'의 색채 이미지는 싱싱한 생명과 희망을 의미하고, '파동' 역시 역동적인 생명력을 함의하므로 희망을 예감할 수 있는 여운이 남는다.

이 부분을 다시 한 번 해석하면, 시어가 미세하게 감지될 때 창을 열어젖히자 시가 출렁이며 안겨들었다거나, 더 쉽게는 불면의 밤이 지나고 새벽이 찾아왔다고 해석할 수도 있다. 시는 독자에게 전해지는 대로 받아들이면 그뿐, 어떤 해석이 옳은가라는 정답은 없다. 주제가 뻔히 드러나는 것보다 시는 다층적으로 읽히기를 지향하기 때문이다.

> 불면으로 뭉툭하게 잘려나간 새벽,
> 어금니를 꽉 물고 조각난 글자들을 맞추면서
> 어긋난 틈새를 기우고 또 기워요
> 날 받침은 단단히 옭아놓아도 어기적어기적 달아나네요
> 간신히 붙잡은 별의 모서리를 깎다가
> 음지에서 양지로 밀고 당기며 곪은 상처를 파고들 땐
> 태양을 집어넣고 밀봉한 캡슐 한 알 꿀꺽 삼키면
> 푸른 피가 불끈불끈 요동치기도 해요
>
> 문장 한 줄 훔쳐다가
> 길들지 않은 상념(想念)을 묶어내는
> 구멍 숭숭 뚫린 소행성,

무엇이

허기를 채워줄까요?

—「소행성」부분

앞에서도 언급했듯이 「소행성」에는 좋은 시를 쓰기 위해 불면의 밤을 보내는 화자가 등장한다. 화자는 "불면으로 뭉툭하게 잘려나간 새벽,/어금니를 꽉 물고 조각난 글자들을 맞추면서/어긋난 틈새를 기우고 또 기"우지만, "날 받침은 단단히 옭아놓아도 어기적어기적 달아"날 뿐이다. 어금니를 꽉 물 정도로 단단히 각오하고 시를 쓰면서 문맥이 안 통하는 부분은 수정하고 보완해도 튼실한 시가 되지 못하는 안타까움을 형상화한 작품이다.

"간신히 붙잡은 별의 모서리를 깎다가/음지에서 양지로 밀고 당"겨도 시가 되지 않을 때는 "태양을 집어넣고 밀봉한 캡슐 한 알 꿀꺽 삼키면/푸른 피가 불끈불끈 요동치기도" 한다는데, 여기서 "간신히 붙잡은 별"은 '간신히 쓴 시' 혹은 '간신히 붙잡은 시상'을 가리킨다. 또한 시인은 작품을 수정하면서 기쁨(양지)과 좌절(음지)의 감정을 오가는 동안 '태양'을 집어넣어 조제한 약을 꿀꺽 삼킨다고 했다. 그런데 왜 '태양'을 집어넣은 캡슐일까? 태양은 '빛'을 상징하고 '에너지'를 의미하므로 그 약을 먹으면, 푸른 피가 불끈불끈 요동칠 거라는 상상에 이른 것이다. "푸른 피가 불끈불끈 요동"친다는 형상화는 「빛을 탐하다」에서의 "출렁이며 일어서는/푸른 파동"과 동일한 맥락으로 해석할 수 있다. "문장 한 줄 훔쳐다가/길들지 않은 상념(想念)을 묶어내는/구멍 숭숭 뚫린 소행성"에 불과하다는 형상화는 창조적인 문장을 생산하지 못하고 남들이 한 말이나 빌려다가 시를 묶어내는 안타까움을 나타냈다고 할 수 있다. 불면의 밤에 일어나는 상념과의 사투는 「총잡이」에서도 여실하게 드러난다.

> 동업자를 죽일까
> 전세금을 떼먹고 잠적한 주인,
> 어린애를 유린한 짐승을 죽일까
>
> 방아쇠를 당기면
> 썩은 내까지 태워버릴 수 있겠지
> 장전된 탄약은 딱 한 발
> 표적을 겨누고 방아쇠만 당기면 된다
>
> 무릎은 굽힐 것
> 두 손으로 총신을 잡고 적당한 거리에서 겨눌 것
> 표적의 끝에 시선을 고정시킬 것

진땀 범벅으로 몰입하는 사이
온몸은 고장 난 트럭처럼 덜덜거리고
새처럼 할딱거렸다

개갈 안 나는 성을 쌓는 동안
새벽별은 지고

까맣게 그을린 몸뚱이 하나
툭,
굴러떨어졌다

—「총잡이」부분

 이 시는 발상이 해학적이면서 뭉클한 감동을 불러오기도 한다. 스스로를 총잡이로 형상화하기까지 얼마나 긴 불면을 건너왔을까. 개갈 안 나는 성을 쌓는 동안 날은 밝아오고, 사투를 벌인 몸뚱이가 침대에서 툭, 굴러떨어진다고 형상화한 부분에서는 비극적 카타르시스가 고조된다. 이러한 논거로써, 김조은 시인의 시는 '불면의 밤이 피운 꽃'이라 해도 지나치지 않을 것이다. 불면은 시를 탄생시키고 또 시로 인해 찾아오는 불면은 김조은 시인의 창작 과정에서 간과할 수 없는 존재인 것이다. 또한 시인은 불면이 불러오는 상념을 재료로 하여 '불면탕'을 요리하기도 하는데 "불면을 매콤하게 요리하는 것은 청양고추가 아니라 오랫동안 발효시킨 우울이다"(「메뉴는 불면탕」)로 시작되는 이 작품 또한 울컥한 감정과 함께 짙은 해학성을 내포하고 있다. 얼마나 못 자면 불면으로 탕을 끓이겠다고 생각했을까. 울다가 웃고, 웃다가 운다는 속담은 이 작품을 두고 한 말일 것이다.

2.

  김조은 시인이 갈망하는 시는 어떤 모습일까? 시인은 「시(詩)」라는 작품에서 "웃고만 있는 민들레/엄마 얼굴 닮은 냉이꽃/어릴 적 달빛을 말아 쥔 제비꽃"이라고 시를 형상화하고 있다. 이처럼 시에 대한 정의는 한 구절 혹은 한 편의 시로 말하지 못할 뿐 아니라 시공간에 따라서도 다르게 나타난다.

> 웃고만 있는 민들레
> 엄마 얼굴 닮은 냉이꽃
> 어릴 적 달빛을 말아 쥔 제비꽃
>
> 바람처럼 왔다가 사라지는 조팝꽃은
> 오히려 길을 잃었다
>
> 울림 없는 한 소절마저

손끝에서 빠져나가 강물로 미끄러져 버렸다

가까스로
별빛 하나 당겨 허우적대는 자리

안개 속에
흰 꽃 하나 서 있다

—「시(詩)」전문

시는 민들레와 냉이꽃, 제비꽃의 모습일 뿐 "바람처럼 왔다가 사라지는" 조팝꽃은 시가 될 수 없다. 울림이 없는 한 소절도 시의 자격을 얻지 못해 "손끝에서 빠져나가 강물로 미끄러져" 버린다. 이러한 형상화는 창작 과정에서 시구로 채택하지 않았다는 것을 의미한다. "별빛 하나 당겨 허우적대는 자리//안개 속에/흰 꽃 하나 서 있"는 그것이 고투해서 얻은 시의 모습인 것이다. 시가 '흰 꽃'으로 은유된 것은 염결성(廉潔性)을 강조하고, 순백의 미를 강조하기 위한 기법이라고 하겠다.

소주를 두 병 마시면
순순히 걸어 나온다는 바람둥이,
시(詩)라는 놈을 잡기 위해 서울까지 올라갔는데
엉덩이 진득하니 붙이고 열심히 닦다 보면

그놈이 노래처럼 들어올까

마침 박인수의 〈봄비〉가 흘러나오고
봄비로 맞이한 5분 백일장,
끝내 지워버리지 못하는 바람둥이 녀석만 생각하다가
봄비의 추억은 날려버리고 말았다

자존심을 누르고 영등포역으로 뜀박질할 때
등덜미를 후려치는 두툼한 빗방울,
맞은 곳은 머리통인데
가슴팍이 무너졌다

불어 터진 발목으로 돌아와
술을 목구멍으로 밀어 넣는데

바람둥이 녀석,
봄비처럼 옹알거렸다

—「봄비」 전문

좋은 시를 쓰고 싶은 시인의 욕망은 먼 거리에 있는 대학원까지 찾아가게 만든다. 선생은 "소주를 두 병" 정도 마시면 시가 저절로 써진다고 가르치는데, "시(詩)라는 놈을 잡기 위해 서울까지 올라갔"으니 "엉덩이 진득하니 붙이고" 공부해 볼 작정이다. "마침 박인수의 〈봄비〉가 흘러나오"면서 "5분 백일장"이 시작되었지만, 시는 영 찾아오지 않고 봄비의 추억마저 퇴색해 버렸다는 형상화이다. 시에게 차인 자존심을 누르고 기차를 타기 위해 "영등포역으로 뜀박질할 때/등덜미를 후려치는 두툼한 빗방울,/맞은 곳은 머리통인데/가슴팍이" 먼저 무너져 내린다. 흠뻑 젖어 "불어 터진 발목으로 돌아와" 마시지 못하는 "술을 목구멍으로 밀어" 넣어 보지만, "바람둥이 녀석"은 알 수 없는 옹알이만 해댈 뿐이다. 여기서 "바람둥이 녀석"은 올 것처럼 하다가도 오지 않는 시를 비유했다고 할 수 있다.

> 날 문장을 담금질하다가
> 둥지 틀지 못한 채 읽고 쓰고 버리고
> 당기기를 반복했다
>
> 아무리 절실해도 못다 그린 하늘처럼
> 어디가 바다인지 어디가 기슭인지
> 분명치 않은 단어들만 절름거리며 맴돌았다
>
> 나뭇잎이 떠나갈 때마다
> 풀지 못한 답안지는 작은 부스러기까지 붙들고

언제까지 물음표를 던져야 할까

　　　푸른 머뭇거림으로
　　　뒷목을 잡아끌던 바람,

　　　이슬 젖으면 물들까
　　　달빛 뒤척이면 꽃필까

　　　　　　　　　　　　　　—「여전히」 전문

 좋은 시를 쓰기 위한 시인의 고투는 계속되지만 좀처럼 시는 잡히지 않고 고뇌만 깊어진다. 끊임없이 "물음표를 던져야" 하는 상황에 처한 시인의 안타까움은 인용 시 「여전히」에 고스란히 드러나 있다. 이 작품은 특별한 장치 없이 형상화되고 있어서 읽히는 대로 이해하면 된다.

3.

 시인이라면, 어머니나 아버지를 소재로 삼아 시를 쓰지 않은 사람이 없을 것이다. 부모와는 떼려야 뗄 수 없는 혈연관계를 지니고 생사고락을 함께했기 때문에 그 애환이 빈번히 시의 소재로 등장하는 것이다. 특히 여성과 어머니의 관계는 남성과 비교할 수 없을 만큼 지독한 애증 관계를 지니고 있다. 동일한 시대환경에 처한 여성으로서 형성된 연민과 동정과 증오의 감정은 시 창작 과정에서 간과할 수 없는 제재가 된다.

> 11시 반에서 12시 사이
> 몸뚱어리 뒤적이며 구운 산적에
> 안간힘으로 버티던 바다, 풋것들 다독거려 얹어놓고
> 눈물로 삭힌 식혜, 곶감과 약과를 차려놓고
> 찹쌀로 맑은 술까지 빚어
> 육십여 년 동안 해마다 열두 번씩
> 조상님께 잔을 올린 종갓집 며느리가
> 당신들도 아실 거예요
> 제 몸뚱이 가눌 수 없어 더 이상 모실 수 없다는 것을,
>
> 집안 역사를
> 순식간에 뒤집었다
>
> 어르신들, 고개 숙인 채
> 기척이 없었다
>
> ―「다들 아실 거예요」 전문

인용 시에는 "육십여 년 동안 해마다 열두 번씩/조상님께 잔을 올린 종갓집 며느리가" 등장한다. 묵묵히 종부 노릇을 해오

던 구순의 어머니가 "당신들도 아실 거예요/제 몸뚱이 가눌 수 없어 더 이상 모실 수 없다는 것을"이라고 말하며 제사를 그만 지내겠다고 선언하자, 참석한 "어르신들, 고개 숙인 채" 아무런 기척이 없다. 누구도 항변할 말이 없었던 것이다.

'다들 아실 거예요'는 이번 시집의 제목이기도 하다. 다양한 시로써 시집을 구성했지만, 모든 작품을 관통하는 핵심 어휘라서 차용한 듯하다. 육십여 년 동안 집안의 법도를 거스르지 않던 늙은 종부가 대차게 선언한 말, '다들 아실 거예요'. 여기서 '다들'은 한 집안뿐 아니라 우리 모두를 지칭하는 말이기도 하다.

    열여덟에 종갓집 맏며느리가 되어
    분주한 고갯길을 넘어선 엄마
    초롱초롱하던 눈빛, 꿈꾸던 무늬를 베어낸 자리도
    벌겋게 돋아나는 상처까지도
    차오르는 이슬이었다

    첩첩산중,
    아지랑이 피어올라 헤집는 강

    소금 자루 이고 오일장에 갔던 날
    캄캄한 발자국 위로 꽂힌 달빛이 신열을 앓고

식구들 허기를 채워주던 시래기죽도
아픔을 훑고 가는 이슬이었다

자식들 눈 맞추다가
휘어진 허리만 달랑 챙긴 눈망울도
한 방울 이슬이었다

—「눈물이었다」 전문

위의 시에서도 역시 고단한 삶을 이끌어간 어머니가 등장하는데, 뒤돌아보니 굽이굽이 눈물 아닌 것이 없었다는 형상화이다. 아버지가 간혹 방황을 해도 우리의 어머니는 자식을 키우기 위해 억척스럽고 강인하게 삶을 견인해 온 자식들의 표상이었다.

"열여덟에 종갓집 맏며느리가 되어/분주한 고갯길을 넘어선 엄마/초롱초롱하던 눈빛"은 사라지고, 가족을 돌보느라 꿈을 "베어낸 자리도", 그 자리에서 돋아난 상처까지도 눈물 아닌 것이 없다. 강에서 아지랑이 피어오를 때 "소금 자루 이고 오일장에" 간 엄마는 밤이 되어서야 돌아와 시래기죽을 끓여 식구들 허기를 채워주곤 했다. 이제 휘어진 허리만 남은 어머니, 자식들 눈 맞추는 어름도 "한 방울 이슬"이라는 시적 표현, 이 같은 형상화는 동일한 성을 지닌 딸이기에 가능했을 것이다. 또 다른 시 「울 엄마」에서도 "둥글게 휘어진 허리로/보행기 밀며 회관으로 출근"하는 어머니가 등장한다. "새봄이 오면/푸른 등 켜질까"라고 표현한 부분은, 새봄이 오면 휘어진 허리를 펼 수 있을까라고 해석할 수 있다. "새끼들 웃음소리 붐비던 방안에는/차가운 기침 소리만 뼈마디를 더듬"고, "목덜미 끌어안는 건" 외로움뿐이다. 늙은 어머니를 혼자 둘 수밖에 없는 안타까움이 생생히 전달되는 작품이다.

    개미 한 마리
    차디찬 나비를 끌어안고
    물기 없는 고독을 굴리며 계단을 오르다가
    물구나무서듯 뒤집힌 몸뚱어리, 장애물이 나타나자
    숨쉬기조차 힘든 듯 비척대더니
    몸뚱이를 뒤틀어 한 발씩 내딛다가 풀썩 쓰러진다
    일어서기가 쉽지 않은 듯
    눈을 질끈 감고 힘을 모은다
    나비를 끌어안고 어디까지 가려는가

    희망을 둥글게 말아
    어깻죽지 달구는 뜨거운 태양 아래
    움켜쥔 손가락, 펴지지 않는다
                             —「개미」전문

잠깐 시선을 돌려 「개미」를 읽어보자. 먹이를 끌어가려고 안간힘 쓰는 개미를 형상화한 것 같지만, 어머니의 이미지가 오버랩 되는 것은 왜일까. 가는 허리로 저보다 큰 사체를 끌어안고 "계단을 오르다가" "뒤집힌 몸뚱어리", "숨쉬기조차 힘든 듯 비척대더니/몸뚱이를 뒤틀어 한 발씩 내딛다가 풀썩" 쓰러질 때는 어머니가 쓰러진 듯 단말마적 비명이 새어 나온다. "일어서기가 쉽지 않은 듯 눈을 질끈 감고 힘을 모"으는 어머니. "뜨거운 태양 아래/움켜쥔 손가락"을 펴 보지만 말을 듣지 않는다. 집단의 생존을 위해 노동하는 개미의 형상화에서 "소금 자루 이고 오일장에 갔던" 어머니를 떠올리는 것은 자연스러운 상상일 것이다.

　이렇듯 좋은 시를 쓰기 위한 김조은의 몸부림은 너무나 구체적이고 절실하다. 그 절실함의 힘으로 이뤄낸 시적 형상화가 시집 전체를 관통하고 있어 무엇보다 믿음직스럽다. 불면이면 어떻고, 불안이면 어떻고, 우울이면 어떤가. 그 어떤 역경이 닥쳐도 김조은의 시작(詩作)은 멈추지 않을 것이다. 이런 김조은의 시 쓰기를 나는 '불면이 키운 수사학'이라고 명명하고 싶다. 이 시집이 불면이 물어다 준 시어와 상상력으로 직조한 세계임이 분명하니 말이다.

문학의전당 시인선 382

다들 아실 거예요

ⓒ 김조은

초판 1쇄 인쇄　2024년 9월 23일
초판 1쇄 발행　2024년 9월 30일
　　　지은이　김조은
　　　펴낸이　고영
　　　디자인　헤이존
　　　펴낸곳　문학의전당
　　　출판등록　제448-251002012000043호
　　　　주소　충북 단양군 적성면 도곡파랑로 178
　　　　전화　043-421-1977
　　　전자우편　sbpoem@naver.com

　　ISBN　979-11-5896-663-8　03810

*이 책의 판권은 지은이와 문학의전당에 있습니다.
*양측의 서면 동의 없는 무단 전재 및 복제를 금합니다.
*잘못 만들어진 책은 바꿔드립니다.
*이 시집은 대전문화재단, 대전광역시로부터 사업비 일부를 지원받아
　제작되었습니다.

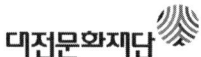